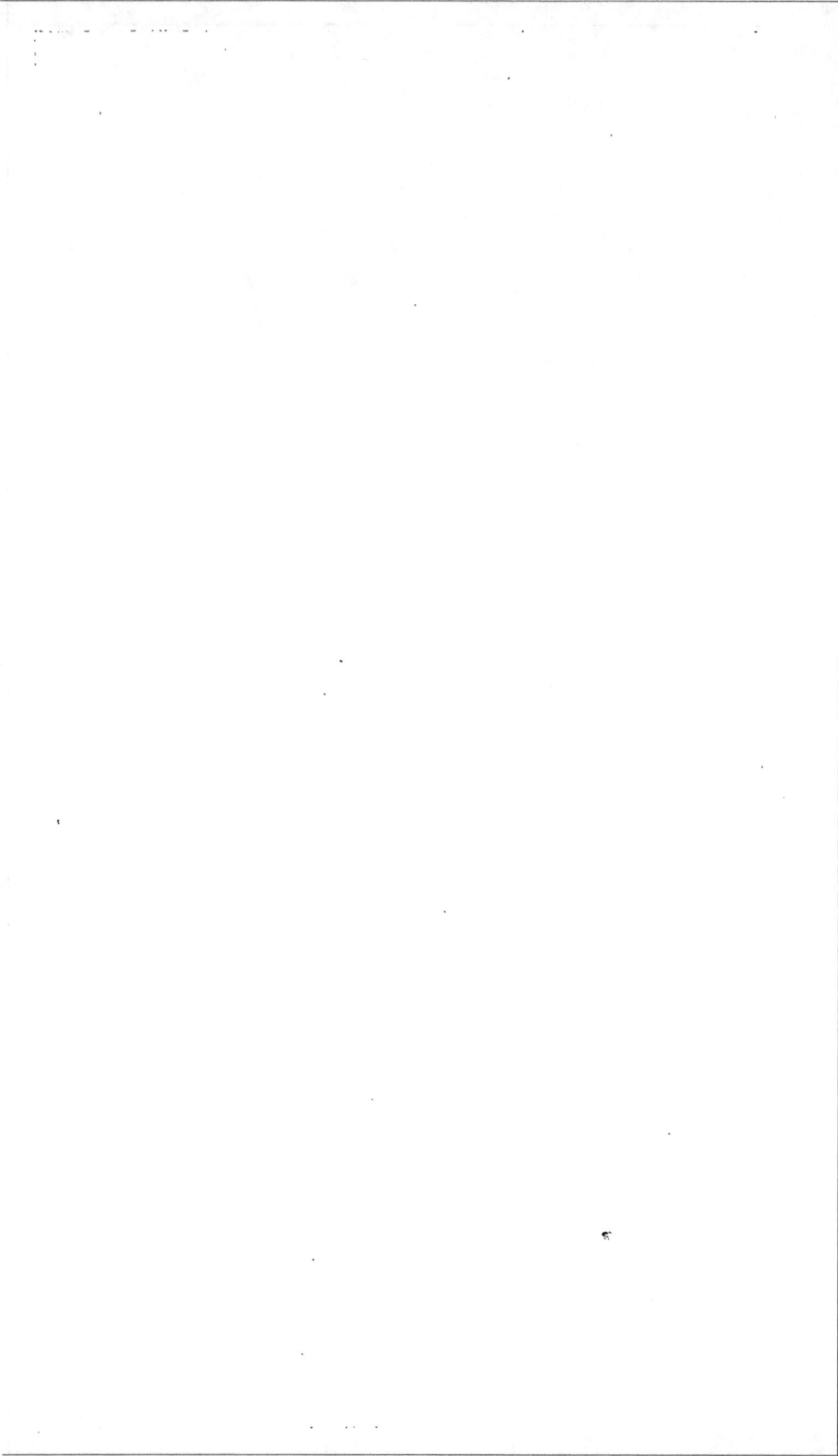

ÉPISODE DE 1815

DANS

LE BRIANÇONNAIS.

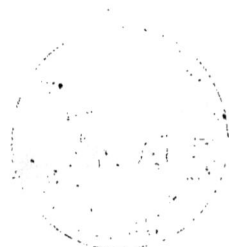

Grenoble, impr. de Prudhomme.

ÉPISODE DE 1815

DANS

LE BRIANÇONNAIS,

PAR

BREISTROFF.

. .... quæque ipse miserrima vidi.

GRENOBLE,

IMPRIMERIE DE PRUDHOMME,

Rue Lafayette, 44, au deuxième étage.

—

1850.

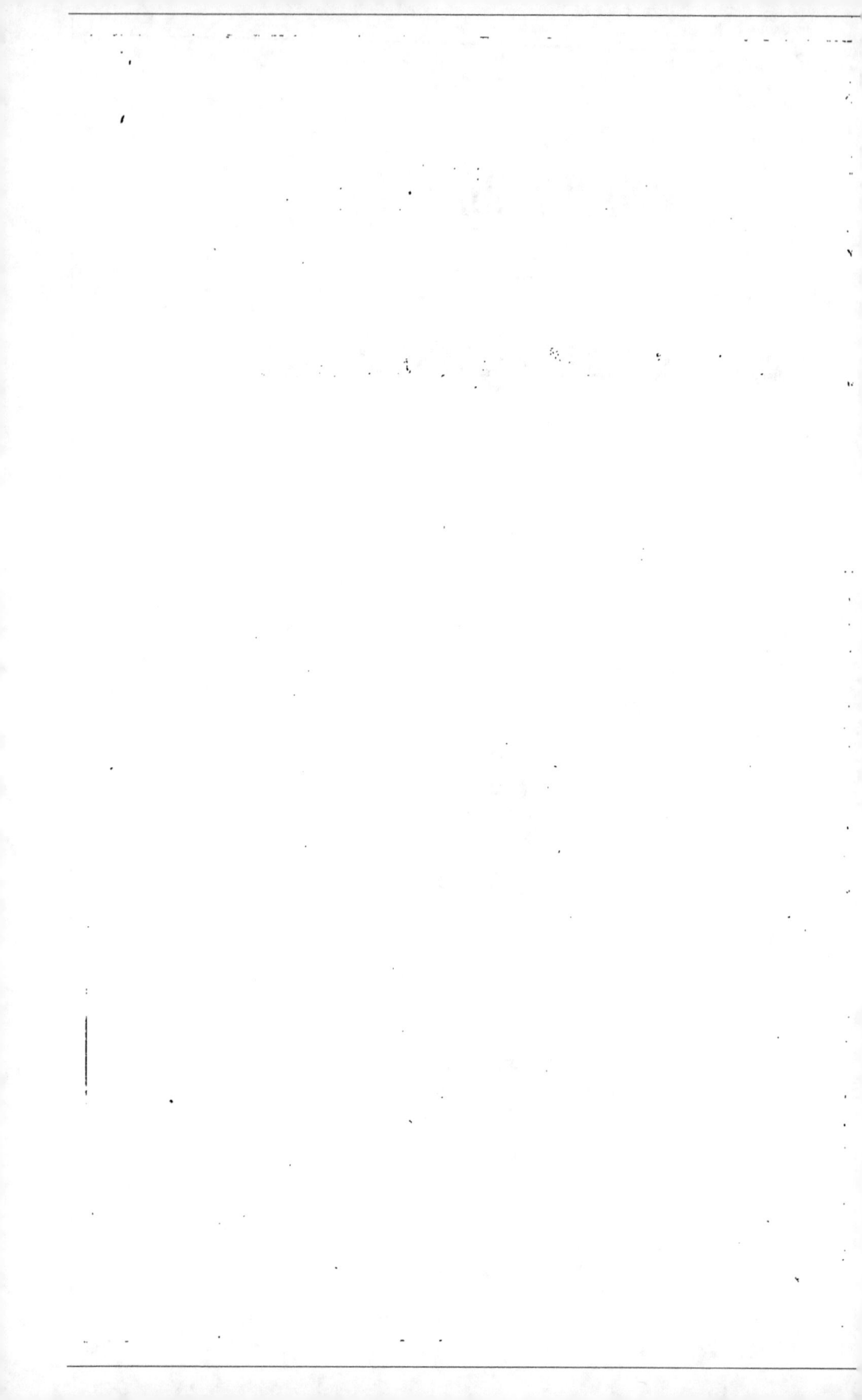

EPISODE DE 1815

DANS LE BRIANÇONNAIS.

———

Je regrette que M. Ladoucette, qui a tant et si bien écrit sur le département des Hautes-Alpes, n'ait pas eu l'idée de traiter, dans le recueil de nouvelles qu'il a publié sur ce pays, le sujet à propos duquel je vais essayer de reproduire le récit qui m'en a été fait. Il n'était pas indigne peut-être d'une plume élégante et facile comme la sienne ; et, tout en racontant un crime horrible, son âme philosophique et bienveillante se serait plu, sans doute, à jeter quelques fleurs sur la tombe du malheureux qui en a été tout à la fois l'auteur et la victime expiatoire.

J'avais souvent entendu parler de Briançon et de la route qui y conduit par le Lautaret ; on m'en avait dit beaucoup de bien, et encore plus de mal. Je me suis convaincu que les uns avaient tort, et que les autres n'avaient pas raison : j'engage ceux qui ne voudraient pas me croire, à faire comme moi et à le vérifier. Un touriste de profession pourrait leur recommander d'aller à pied, afin d'observer plus à leur aise tout ce que cette route offre à chaque pas de remarquable; mais je regarderais cette recommandation comme tout à fait irréfléchie, attendu que les voitures publiques qui en font le service (quand elles le font) s'élèvent jusqu'au plateau de Lautaret moins rapidement à coup sûr que le plus modeste piéton. Au revers de la montagne, c'est différent : malheureux voyageurs, mes émules, gardez-vous bien de rester en voiture tant que la route ne sera pas achevée; vous courriez le risque de ne plus pouvoir vous remettre sur vos jambes de plusieurs jours. C'est à grand'peine que j'ai pu reprendre l'usage des miennes, lorsqu'un temps d'arrêt, au bas de la première descente, m'a fait élancer en dehors de la portière, pour ne pas continuer le cours de mes évolutions en forme d'avalanches.

Puisque l'expérience des devanciers doit profiter aux successeurs, et que tout voyageur se croit obligé de donner des avertissements à ceux qui sont destinés à le suivre; ou, pour parler plus généralement encore, puisque chacun s'avise de distribuer ses conseils à autrui, quoique tout le monde n'agisse à peu près qu'à sa guise, je préviendrai aussi les personnes qui voudront faire l'ascension du Lautaret, de ne pas y aller sur la foi des descriptions topographiques, géographiques et historiques de M. Elie Berthet, l'auteur de *la Mine d'or*, attendu qu'ils n'y trouveront ni moines ni couvent, et qu'ils n'y verront pas plus le soleil se coucher derrière le mont Genèvre, que les habitants du quartier des invalides ne le voient se coucher derrière la porte Saint-Denis. Mais une précaution importante, essentielle à prendre, c'est celle de se munir d'une bonne volaille froide ou de toute autre substance alimentaire un peu confortable, car, si la principale hôtellerie qu'on rencontre avant de gravir le col a fourni un médecin célèbre à l'illustre Méhémet-Ali, et si la première de celles qui se présentent quand on est descendu de l'autre côté, a procuré au même souverain le restaurateur des fortifications d'Alexandrie, l'un et l'autre de ces établissements culinaires n'ont jamais servi à leurs hôtes gourmands ou affamés que les plus détestables déjeuners du monde.

Après cette digression, inévitable de la part de tout pérégrinateur honnête et consciencieux, je fais grâce de beaucoup d'autres, que l'usage consacre néanmoins d'une manière aussi rigoureuse. Je veux parler de tout ce qui tient à la partie descriptive des sites, aux élans d'extase et d'admiration qu'ils provoquent: il est vrai que si je me tais à cet égard, c'est que j'ai pris en horreur profonde tout ce qui ressemble à une description.

Ainsi, je ne dirai pas un mot du saisissement qu'on éprouve au contraste de végétation et de paysage qui se présente en quittant Séchilienne, pour entrer dans la *Combe* de Livet-et-Gavet; des tristes réflexions que fait naître le souvenir de la rupture des digues qu'avait opposées, au cours de la Romanche, l'amoncellement des roches brisées du torrent de l'Infernet, non plus que de l'irruption diluvienne, dans la vallée de Grenoble, du lac qui s'étendait, avant cette rupture, dans toute la plaine de l'Oisans. Je laisse de côté les hauts fourneaux de Riou-

Pérou, aussi bien que les ruines de l'établissement du Grand-Clot; la demi-douzaine de tunnels dont il a fallu forer les masses granitiques, calcaires ou schisteuses qui semblaient interdire à jamais, dans ces contrées, la circulation d'une chaise de poste; les vestiges d'une voie romaine sur les rocs du Mont-de-Lans, et qui conservent encore l'empreinte des roues, à ce que prétendent les archéologues du lieu; la gracieuse cascade du Rif-Tort, près du Dauphin, et la mugissante cascade de la rivière des Fréaux; les traces presque effacées, dans la combe de Malaval, de l'ancienne route sur la rive gauche de la Romanche et sur les flancs perpendiculaires de ces immenses remparts de granit que labourent les blocs ou les avalanches gigantesques qui s'en détachent, et que couronne, à des hauteurs prodigieuses, l'entassement des glaces éternelles.

On me saura gré, j'espère, de n'avoir pas entassé, de la même manière, des montagnes de périodes sur chacun de ces objets, de n'avoir pas fait rugir les torrents, tonner les glaciers, et prolonger d'écho en écho le roulement du terrible fracas que produisent les fentes qui s'y manifestent par intervalles.

Je remonte en voiture aux approches du Monetier (de Briançon), et l'on a beau me parler de ses eaux thermales: comme je n'y reconnais pas une figure de baigneur, mais seulement un certain nombre d'individus qui n'ont pas l'air de se baigner souvent, je me contente de regarder avec intérêt le développement de cette vallée, d'un aspect à la fois riant et sévère. Dans le fond, et au loin, se dessinent en amphithéâtre les fortifications de Briançon. La route traverse plusieurs villages assez rapprochés les uns des autres, tandis que d'autres villages encore se groupent çà et là, des deux côtés de la vallée. Partout, la construction des maisons, dont la plupart cependant sont couvertes en chaume, la culture des propriétés et divers établissements d'industrie attestent que, si la fortune n'a point pénétré dans ces contrées, la misère n'y a pas non plus établi son refuge.

Ces réflexions quasi-philosophiques avaient été interrompues chez moi, chaque fois que la voiture passait dans un village, par les cruels ressauts qu'occasionnaient les constantes inégalités du pavé. Forcé, par ces secousses réitérées, de donner un accès quelconque aux résultats digestifs de mon déjeuner du Villar-d'Arêne, je mis pied à terre avant d'entrer dans Saint-Chaffrey, et déclarai au conducteur que, du moment où nous n'étions plus qu'à quatre kilomètres de Briançon, il pouvait se dispenser de m'attendre. Je le priai néanmoins de me donner l'indication de l'hôtel où je pourrais m'arrêter : « Nous descendons à l'hôtel de la Paix, » me dit-il; « on y est parfaitement : c'est le centre de la ville. Mais peut-être que Monsieur a entendu parler de l'hôtel de l'Ours.... et de sa cuisine.....—L'hôtel de l'Ours! » m'écriai-je. « Est-ce que par hasard on y mangerait aussi des beeftaecs à la Dumas ? — Des beeftaecs à la Dumas!...... C'est possible, » répliqua le conducteur d'un air dont il me fut impossible de définir l'expression ; « mais Monsieur peut être assuré de n'en pas manger de semblables à l'hôtel de la Paix, car je n'y ai jamais entendu prononcer ces mots-là. — C'est bon, mon ami, vous m'ap-

porterez ma valise à l'hôtel de l'Ours, » lui répondis-
je aussitôt, pressé que j'étais par la curiosité de vérifier,
le soir même, si la chair du Grand-Méno, peut-être, avait
le goût qu'on lui suppose. Au ton de ma réponse, le conducteur partit tout ébahi ; et bientôt le retentissement
des roues de son véhicule, sur les dalles anguleuses de
Saint-Chaffrey, me fit applaudir de ma résolution.

Pendant que je méditais sur les différences qu'il pouvait y avoir entre les effets gastriques ou simplement
entre le fumet d'une épaule de mouton assaisonnée de
navets de la Grave, et les tranches d'un filet d'ours étoi-
lées de mousserons du Queyras, je m'engageai dans la
rue tortueuse, sinueuse, montueuse et raboteuse du village. C'était l'après-midi d'un dimanche; les femmes, tenant chacune un livre de prières d'une main, et un en-
fant au moins de l'autre, s'arrêtaient par petits groupes, ou isolées, sur le seuil des portes, et suspendaient
ou redoublaient leurs causeries, en regardant passer l'é-
tranger (pardon de ce changement de langage, mais
c'est de moi que je veux parler). L'étranger, à son tour,
par l'effet d'une vieille habitude, regardait si elles étaient
belles ou jolies, et s'attristait du résultat de ses observa-
tions. Il déplorait amèrement le sort de la population
masculine de ce pays, lorsque, arrivé sur une espèce de
place qui est au-devant de l'église, il trouva cette population masculine massée dans cet étroit emplacement,
grave, presque silencieuse, et ne paraissant occupée, en
quelque sorte, qu'à humer les rayons du soleil qui ne
devait pas tarder à se coucher derrière la montagne de
Fréjus. Alors la pitié de l'étranger reflua vers les pau-

vres femmes dont il s'était pris à plaindre les maris ; et, pour dissiper ces idées de commisération respective , il se mit à fredonner un air quelconque. Son répertoire, qui n'est pas plus riche que nouveau, ne lui a fourni que celui-ci :

Il faut des époux assortis , etc. .

Pour ma commodité, et peut-être pour celle du lecteur, si tant est que je puisse avoir un lecteur, je ne vais plus parler de moi à la troisième personne, mais reprendre ma petite narration comme je l'avais commencée.

J'avais franchi le pont jeté sur le lit très-profond d'un torrent qui traverse St-Chaffrey et qui devient par intervalles un objet d'effroi ou de désolation pour les habitants de cette localité, lorsqu'à une certaine distance au-devant de moi j'aperçus un vieillard qui avait l'air de se diriger aussi du côté de Briançon. Son corps débile et considérablement amaigri se courbait à la fois en avant et de côté, suivant un angle très-prononcé et qui faisait craindre, à chaque instant, une chute pour lui. Ses cheveux blancs s'échappaient, à mèches allongées et rares, d'un chapeau qui n'avait plus de fond. Il n'était couvert que de haillons. Tout en lui annonçait la misère la plus profonde ; et cependant, je ne sais quoi de distingué révélait chez ce malheureux le souvenir d'une condition toute différente de celle où il semblait se trouver. Au moment où j'arrivai à ses côtés et où j'allais évidemment le devancer dans sa marche , il me salua avec une politesse simple et comme quelqu'un qui, faute de reconnaître un passant, redouterait de commettre une inconvenance en négligeant envers lui ce devoir d'ur-

banité habituelle. Je portai vivement la main à mon gous-
set, dans la pensée, d'abord, que ce salut n'était qu'une
timide invocation de l'indigence ; mais bientôt je me
ravisai. La phisionomie du vieillard m'aurait fait craindre d'offenser sa susceptibilité en lui adressant une of-
frande dont il paraissait cependant avoir un si grand besoin, quelle qu'en dût être la modicité. Je lui rendis son
salut, et, par forme de question quelconque, je lui dis
que les arbres d'un verger que nous avions près de nous
me semblaient bien vieux et demandaient des rempla-
çants.

A ces simples paroles de ma part, le vieillard s'arrêta.
De grosses larmes sillonnèrent ses joues pâles et osseu-
ses. Surpris et peiné de son émotion, j'allais lui demander pardon de l'avoir provoquée, lorsqu'il me répondit :
« Ces arbres n'ont pas seulement éprouvé les atteintes
de l'âge, ils ont souffert aussi les ravages de l'incendie ;
comme leur ancien propriétaire, comme tout ce malheureux village, Monsieur, ils sont frappés de réprobation.
Vous allez peut-être à Briançon ; j'y vais également, ou
plutôt je n'entrerai pas dans la ville, je la dépasserai,
pour me rendre dans l'asile que m'accorde un parent
encore plus à plaindre que moi. — Plus à plaindre que
vous ! — Cela vous étonne ? Rien n'est plus vrai mal-
heureusement.......... Je n'ai pas été vêtu toujours des
lambeaux hideux dont vous me voyez couvert; j'ai oc-
cupé une profession honorable et qui me vaudrait, j'en
suis persuadé, quelques secours de la part des fonctionnaires qui ont été mes collègues, s'ils connaissaient mes
malheurs et si ma fierté consentait à les en infor-

mer. Les arbres dont le sort vient de vous apitoyer, étaient à moi; mais ces pauvres arbres, mais, hélas! mes enfants et moi sommes nés à Saint-Chaffrey, Monsieur; et, je vous l'ai dit, c'est un pays frappé par la malédiction divine. Vous venez de passer au-dessus d'un torrent dont le lit est presque à sec aujourd'hui; chaque année, cependant, il menace d'engloutir nos terres et nos maisons. Parmi les habitants de ce village, que vous avez vus rassemblés en partie devant l'église, vous avez dû en remarquer plusieurs qui sont bien disgraciés par la nature. Des familles nombreuses sont ainsi affligées, et pourtant il n'y a pas de commune, dans cet arrondissement, où l'on ait plus généralement du sens, de la droiture, de l'ordre et de l'économie. Nos voisins nous infligent, par dérision, l'épithète de *sauto-cléa*, c'est-à-dire de sauteurs de claies ou de barrières, et la tradition explique l'étymologie de cette injure d'une manière qui atteste, par son invraisemblance même, l'idée tout à fait répandue de notre fatale prédestination.

» Un roi de France, je ne sais pas lequel, devant passer par Saint-Chaffrey, les habitants, qui avaient entendu parler du privilége, accordé à nos souverains, de guérir les écrouelles le jour de leur sacre, ne doutèrent pas que celui qu'ils attendaient ne pût pareillement, un jour quelconque, les délivrer de certaines affections dont ils étaient atteints en assez grand nombre. Ils résolurent d'invoquer pour cela sa magnanimité, et de se placer sur son passage en se parquant dans l'enceinte d'un bercail, à la façon de leurs bestiaux, afin de mieux exciter la pitié du royal voyageur. Lorsque le député ora-

teur de cette intéressante population présenta sa requête
au prince, celui-ci, qui n'était pas en train de rire et qui
avait la prétention d'être un homme d'esprit (les rois en
ont quelquefois), pensa avec dépit qu'on le prenait mal
à propos pour une bête. Au lieu d'imposer ses mains
sacrées sur le troupeau des malheureux sujets qui implo-
raient si piteusement sa bienveillance, il leur fit admi-
nistrer, par ses gens, force distributions de coups de
fouet. Ces largesses du monarque étaient si généreuse-
ment appliquées, que ceux qui en étaient l'objet, malgré la prudence et la lenteur qui les caractérisent, ne
jugèrent pas à propos de rechercher les issues naturelles
du bercail pour en sortir; ils aimèrent mieux sauter
par-dessus les balustrades, et, pour comble de décep-
tion, ils furent accueillis par les huées et les quolibets
des malencontreux habitants des localités voisines, ac-
courus afin d'assister à la cérémonie.»

Le vieillard, dont les traits s'étaient crispés sous l'impression d'une amère ironie en me rapportant cette espèce de légende, s'arrêta un moment, comme pour reprendre haleine, après l'avoir terminée. Son visage se
voila de nouveau d'une sombre tristesse; puis il continua
sa causerie que je n'avais garde d'interrompre. « Vous
voyez, Monsieur, me dit-il, par cette anecdote dont je
ne vous garantis pas, du reste, l'authenticité, que, suivant l'opinion reçue dans nos pays, je le répète, les habitants de Saint-Chaffrey passent, depuis longtemps,
pour n'être pas favorisés par le sort. Hélas! ma triste
famille est certainement l'une de celles qu'il a le plus
maltraitées! Mais je ne vous entretiendrai pas de mes

douleurs personnelles : que vous importerait d'en connaître les causes et les détails ? Etranger à ces contrées, quoique Français, à coup sûr..... (je m'inclinai à ce mot, en signe d'affirmation), vous ne pourriez, dans mon radotage de vieillard, accorder votre attention qu'à des choses qu'un Français écoute toujours volontiers, quand il a dans le cœur le noble sentiment de la nationalité, comme je ne doute pas que le vôtre n'en soit animé...... (je m'inclinai de nouveau, en signe de remercîment, pour l'opinion qu'il avait de moi). Eh bien, continua-t-il, nous allons bientôt franchir le ruisseau qui sert de limites aux communes de Saint-Chaffrey et de Briançon : quand vous serez sur la rive gauche, vous partagerez mon juste orgueil, Monsieur, en apprenant qu'en 1815, de si désastreuse mémoire, le pied de l'ennemi n'a pas foulé ce sol vierge et sacré de la patrie, car vous n'êtes pas sans savoir que Briançon a refusé d'ouvrir ses portes aux troupes étrangères, quoiqu'il ne fût gardé que par une poignée de braves appartenant à l'armée, quelques douaniers et les habitants de la commune. Ceux de la banlieue s'arrangeaient de manière à venir cultiver leurs terres pendant la journée, et, le soir, ils rentraient dans la ville ou dans les forts pour veiller à leur défense pendant la nuit. Ces nobles citoyens étaient sous les ordres d'un vieux général, M. Eberlée, qui avait déjà perdu un bras au service de la France, et qui jura de brûler la ville et de s'ensevelir sous les décombres du fort des Têtes, plutôt que de livrer à l'occupation de *nos amis les alliés* de cette époque ce formidable boulevard de nos frontières. Il répondit aussi, avec son accent alsacien, à la sommation qui lui était adressée de frapper la ville de Briançon d'une contribution de quinze mille francs, au profit des corps étrangers qui en formaient le blocus : « Ché leur » enferrai quinse mille poulets, au lieu te quinse mille » vrancs. »

» Les avant-postes de l'armée piémontaise étaient sur la rive droite du ruisseau dont je viens de vous parler, et le malheureux village de Saint-Chaffrey, comme siége de leur position militaire la plus rapprochée de cette forteresse redoutable qui bravait leurs menaces, est devenu, suivant une opinion assez accréditée, la victime de leurs cruelles et basses représailles.......... Ah! Monsieur, c'est, dans tous les cas, à la présence des ennemis de la France, que se rattache le souvenir du double incendie qui a dévoré la presque totalité du village! Elle a donné lieu au meurtre, probablement involontaire, d'une femme par son mari ; et, si le terrible appareil de la guillotine s'est dressé une seule fois, depuis qu'il est inventé, dans cet arrondissement, si la tête de l'un de mes compatriotes est la seule qui y soit tombée sous la main du bourreau, ah! c'est encore à l'époque où l'étranger souillait nos pénates de sa présence !!....... »

Ici, l'émotion du vieillard fut portée à son comble; ses jambes, devenues plus chancelantes encore, fléchissaient visiblement sous lui. Je l'invitai à se reposer un instant sur une grosse pierre qui était au bord du chemin, et je m'appuyai moi-même contre un mur, à côté de lui, bien disposé que j'étais à ne pas l'abandonner. Il se remit peu à peu; puis, se redressant sur ses pieds, il me dit: « Si vous le voulez, nous allons continuer notre route, et moi mon récit. » Dès que nous fûmes en marche, il le reprit en effet de la manière suivante :

« Indépendamment des fêtes patronales de chaque localité, et des grandes fêtes religieuses que l'Eglise recommande de solenniser d'une manière toute particulière, il y a deux fêtes de saints que, dans toutes nos montagnes, on observe aussi avec la plus grande dévotion; parce qu'elles signalent l'époque de l'ascension de nos bestiaux et notre propre translation dans les chalets. Ce sont la Saint-Jean et la Saint-Pierre : la première se trouve le 24 juin; la seconde, le 29.

» Le 24 juin 1815, donc, on était, par un beau soleil, parti, après la célébration des offices, de Saint-Chaffrey, pour la montagne, comme on dit dans le pays. Les désastres de Waterloo ne nous étaient pas encore connus; et chacun de nous espérait bien que le génie de Napoléon nous préserverait d'une nouvelle invasion étrangère. Mais bientôt se répandit une sourde rumeur qui annonçait l'anéantissement de l'armée et la mise en fuite du plus grand capitaine des temps modernes. Il ne fut plus permis d'en douter, quand on apprit que les armées sardes elles-mêmes avaient franchi la frontière.

» On était à la veille de la Saint-Pierre. A son dernier prône, monsieur le curé avait invité tous ses paroissiens à descendre de la montagne, pour entendre la messe dans l'église de Saint-Chaffrey, le jour de la fête de ce grand saint. Eloi Gaudri et Jean-Joseph M........., nos deux plus intrépides chasseurs, n'auraient pas manqué à cette obligation, quand bien même ils auraient eu l'assurance de tuer ou de prendre au piége une douzaine de

renards. Ils se tenaient pour suffisamment engagés par
le seul avertissement du simple et modeste pasteur de
cette époque. L'éloquence citadine et distinguée de son
successeur actuel ne produirait peut-être plus les mêmes effets de persuasion. Ils cheminaient ensemble de
la montagne pour venir passer la nuit au village, et por-
taient chacun leur fusil sur l'épaule.

» Eloi Gaudri dit à son compagnon: « Jean-Joseph, si
» je pouvais accrocher aux pattes de chaque Piémontais
» qui passera le Mont-Genèvre un traquenard, comme
» celui que je plaçais cet hiver aux *Eduits*, je te promets
» qu'ils n'auraient plus besoin d'aller manger de la pou-
» linte dans leur pays. — Et moi, répondit M........, je
» t'assure que s'ils voulaient, à tour de rôle, se poster
» seulement à cinquante pas de mon fusil, pas un d'en-
» tre eux ne s'avancerait jusqu'à quarante-neuf. —
» Pourvu que tu n'eusses pas encore souhaité le bon-
» jour à la mère Jacob. — Tu sais bien que son vin
» n'est pas assez capiteux pour me troubler la vue. —
» C'est que tu te dédommages volontiers de la qualité
» par la quantité, mon vieux! ça te portera malheur un
» jour, c'est moi qui te le dis!...... — Allons, prophète
» du diable, laisse-là tes prédictions. On vient de m'ap-
» prendre que ces enragés de Piémontais doivent passer
» le Galibier aujourd'hui, que déjà même ils sont dans
» la vallée de Névache: ils pourraient bien nous tomber
» dessus par le col de Crystol ou par celui de Buffère.
» Veux-tu que demain, après la messe, nous allions,
» dans tout le canton, exciter le zèle de ceux qui,
» comme nous, savent, quand on les a surpris à la

» chasse, donner aux gendarmes, ou porter au greffe
» un fusil qui n'a pas de chien ou de bassinet? Nous se-
» rons assez nombreux pour faire voir à ces coquins
» d'étrangers qu'en France on ne laisse confisquer que
» des armes inutiles. — Il est trop tard, mon ami; notre
» armée, d'ailleurs, pourrait bien ne se composer que
» de nous deux. Tu sais d'abord combien les habitants
» de Chantemerle sont apathiques. Nous ne pourrions
» guère compter parmi eux que sur le sergent H......,
» et sur le jeune officier, fils de l'Espagnol. Oui, voilà
» deux braves qui nous seconderaient, et qui même
» nous dirigeraient merveilleusement; mais ils sont
» partis avec les bataillons de garde nationale mobile et
» tout ce que la vallée pourrait opposer de solides gail-
» lards à monsieur le roi des marmottes. D'ailleurs,
» passé Chantemerle, rappelle-toi le proverbe:

> Des Pananches au Lauzet,
> Libera nos, Domine.

» Quant aux *messieurs* de la Salle, il ne faut pas leur
» parler d'une entreprise où il n'y aurait que des coups
» à donner ou à recevoir. Tout le mal qu'ils pourront
» faire à l'ennemi, ce sera de lui escamoter quelques
» écus de cent sous en se chargeant de leurs fournitures
» de pain, viande, fourrages et autres approvisionne-
» ments; trop heureux nous-mêmes à leur égard, si ce
» n'est pas dans nos poches qu'ils finissent par prélever
» ces bénéfices. Les hommes du Monetier ont trop peu
» de chose à défendre chez eux pour y jouer leur peau.
» Ils aimeront mieux se retirer dans les montagnes, et

» laisser aux grâces assez séduisantes et pas trop farou-
» ches de leurs femmes le soin d'amadouer la sévérité
» des conquérants. — Maître renard, je te prendrais
» pour un poltron si, depuis longtemps, tu ne m'avais
» pas prouvé le contraire. Allons vider un litre chez la
» mère Jacob avant de rentrer chez nous, car ma femme
» est déjà à la maison, et, si j'y mets les pieds, il fau-
» drait gesticuler avec elle pour en sortir. — Un litre,
» soit; mais pas deux, et je le paie. — Tu le paies!........
» et tu crois que je quitterai l'hôtel du Grand-Saint-
» Michel avec ta politesse sur l'estomac?........»

Une espèce de sourire effleura les lèvres du vieillard,
en achevant la conversation des deux interlocuteurs
qu'il avait mis en scène. « Ce que je viens de vous raconter, me dit-il, m'a été raconté à moi-même plus d'une
fois par Eloi Gaudry, quand nous nous entretenions de
la fin déplorable de son compagnon. Il m'a paru que
cela vous donnerait une idée du caractère de cet infortuné, et servirait à vous faire mieux apprécier les évènements qu'il me reste à rappeler.

» Gaudri et M........ n'abandonnèrent en effet l'hôtel
du Grand-Saint-Michel, qu'après avoir respectivement
remis entre les mains de la mère Jacob la somme de qua-
rante centimes, et qu'en laissant sur la table de la grande
salle deux bouteilles échantillées de manière à garantir
leur capacité légale, mais dans un état tel, que la maî-
tresse de la maison fut parfaitement rassurée sur la
crainte de voir aigrir ce qui pouvait être resté de li-
quide au fond. Ils se séparèrent sur le pont du torrent.
Eloi déclara très-sérieusement à sa femme qu'il venait

de poser son piége dans un endroit où il était assuré de prendre le plus beau renard du pays. « Ah! coquin, » lui répondit-elle, moitié riant, moitié grondant, « j'ai bien » peur de le voir tout-à-l'heure au milieu de la chambre, » ton renard!.... » M........ s'attendait à une bourrasque de la part de son irascible moitié : il l'essuya d'abord avec assez de flegme ; mais bientôt, recourant à sa méthode de conduite ordinaire, il cria plus fort qu'elle, et, joignant le geste aux paroles, il mit en pratique une maxime dont il généralisait beaucoup trop l'application. C'est que, pour arriver à une paix certaine, avec un antagoniste quelconque, il fallait, suivant lui, commencer par établir la supériorité de ses forces, sauf à justifier ultérieurement de l'infaillibilité de son droit. La pauvre femme se déshabilla, se coucha, et s'endormit en pleurant ; le mari, de son côté, fit tout cela en jurant comme un possédé.

» Le lendemain, à l'aurore, les deux époux et tous les échos de la vallée furent éveillés par un coup de canon de vingt-quatre tiré du fort du Randouillet. Eloi Gaudri et M........ parurent les premiers en dehors de leurs maisons, le fusil à la main. La plupart des autres habitants du village se montrèrent sur le seuil de leurs portes, mais seulement avec des bonnets de laine assez onctueux sur l'oreille, et leurs culottes à moitié chaussées. Une seule fenêtre s'entr'ouvrit à peine et laissa apercevoir une tête juvénile encore, quoiqu'un peu épaisse, et couronnée d'un bonnet de coton d'une éclatante blancheur, au bout duquel se balançait, avec une grace toute parculière, une houppe assez volumineuse.

« Que diable est-ce que cela signifie ? s'écria Eloi Gau-
» dri. Je veux être pendu si tous les renards de la con-
» trée ne restent pas enfouis dans leur terrier pendant
» huit jours, avec un pareil tintamarre. » Après avoir
lancé un juron qui retentit presque aussi fort que la pièce
de vingt-quatre, M........ ajouta sur le même ton : « Est-
» ce que ces brigands de Piémontais seraient déjà par
» là ! .... »

La fenêtre qui s'était entr'ouverte se referma sou-
dain à ces paroles. Elle s'ouvrit encore un instant
après. Du fond du bonnet de coton qui avait reparu, et
dont la houppe oscillait en dehors au souffle de la brise
matinale, sortit, de manière à glisser le plus doucement
possible, dans la rue, cette recommandation d'une prudence bien précoce pour l'âge de celui qui la faisait :
« Ah ! mon cher Jean-Joseph, il faut essentiellement
» que vous mettiez plus de modération et de sagesse
» dans votre langage. Faites en sorte que des expres-
» sions comme celles qui viennent de vous échapper,
» involontairement sans doute, n'arrivent pas jusqu'aux
» oreilles des troupes alliées, sans quoi vous pourriez
» attirer sur votre pays des malheurs incommensura-
» bles. » La fenêtre se referma immédiatement après
avoir livré passage à cette allocution, et la jolie houppe
du bonnet de coton ne se laissa pas même apercevoir au
travers du vitrage, d'autant que ce vitrage était en pa-
pier huilé. « Arnoulet, mon ami, » répliqua M............
» d'une voix de stentor, « la circonspection dont tu
» fais déjà preuve dans toutes les circonstances, m'at-
» teste que si jamais les Mondet ou les Rignon de la Va-

» chette et des Alberts doivent chamoiser ton cuir, ils
» n'y verront pas autant de trous que dans les peaux des
» lapins cornus que je fais dégringoler du Grand-Aréas.
» Tu seras toujours un honnête homme, mais, par ti-
» midité et par faiblesse, tu ne seras jamais que l'ami
» et la dupe de gens qui ne te vaudront pas. »

» Le double horoscope que venaient d'échanger l'un
à l'égard de l'autre, Arnoulet et M......, ne s'est malheu-
reusement que trop réalisé.

» Les personnes sorties, plus ou moins, de leurs demeures au bruit du canon, finirent par se rapprocher les
unes des autres pour tâcher de se donner une explica-
tion sur ce bruit inusité. Les unes l'attribuaient à l'ap-
parition de l'ennemi sur la route d'Italie; les autres, à
quelque incendie dans la direction d'Embrun. Chacun
se perdait en conjectures, et elles se seraient probablement prolongées fort avant dans la journée, si l'appari-
tion subite et imprévue de certain personnage n'était ve-
nue y mettre un terme. Cet individu boitait des deux jambes (ne vous en étonnez pas, Monsieur, le briançonnais
est la terre classique de la claudication): les uns le sup-
posent de Chantemerle, d'autres de Saint-Chaffrey, d'autres du Villard-de-Late, aucun des trois villages de la
commune ne veut avouer qu'il y est venu au monde. Cet
individu, je le répète, était boiteux, et, de plus, malin et
bavard comme deux boiteux à la fois............ Il accourt
tout essoufflé, j'allais dire à toutes jambes, et s'arrête au
milieu du groupe qui s'était formé au-devant de l'Eglise.
On s'aperçoit qu'il a quelque chose de très-pressé à annoncer, mais qu'il ne peut articuler un mot. La frayeur

et la course ont paralysé sa langue. Celui-ci le tire par le
bras; celui-là, par le pan de sa veste; un troisième, par
le bout de sa chemise, qui s'échappe d'une intersection
de sa culotte. Mille questions lui pleuvent dessus, et le
pauvre diable ne peut que rester immobile sur son accent
circonflexe, les bras pendants et la bouche béante.........
Arnoulet sortait en ce moment de chez lui, non plus
avec son bonnet de coton sur la tête, mais avec un
gros registre sous le bras, et se dirigeait du côté de
Briançon. En voyant ce qui se passait au-devant de l'é-
glise, et en apprenant de quoi il s'agissait, il se pose gra-
vement en présence du boiteux, fait signe à tous les assistants qu'à son tour il va l'interroger et qu'il est assuré d'en obtenir une réponse. Oui, le geste d'Arnoulet
disait tout cela, et chacun le comprit à ne pas s'y mé-
prendre.

« Pancrace, *mon brave!* Pancrace, lui dit-il, tâ-
« chez de calmer votre émotion, afin de pouvoir satis-
» faire la juste impatience des honorables compatriotes
» qui vous entourent; car vous faites partie essentielle
» de la commune, quoiqu'on ne soit point d'accord sur
» le point de savoir si vous êtes né à Chantemerle, à
» Saint-Chaffrey ou au Villard. J'ai de la peine à com-
» prendre comment vous, qui d'ordinaire parlez avec
» tant de facilité, éprouvez dans ce moment un si grand
» embarras à vous exprimer. Cela tient sans doute à ce
» que vous n'aurez pas agi avec toute la prudence qui
» vous caractérise : au lieu de conserver, comme tou-
» jours, votre démarche lente et réfléchie, vous aurez
» voulu la précipiter outre mesure, vous......... — Par-

» bleu ! » s'écria tout à coup, avec sa volubilité habi-
» tuelle, Pancrace, à qui l'éloquence monotone et com-
» passée d'Arnoulet avait donné le temps de recouvrer
» la parole: « Parbleu! je le crois bien! j'avais une ar-
» mée piémontaise sur mes talons. Elle entrait dans
» Chantemerle au moment où un coup de canon est
» parti de Briançon ; sans doute pour en donner l'aver-
» tissement. Il paraît qu'elle a marché toute la nuit
» pour mieux surprendre les populations. Des soldats se
» sont emparés des principales maisons de Chante-
» merle ; et j'ai entendu, de mes propres oreilles, celui
» qui les commande, je ne sais s'il est officier ou géné-
» ral, dire qu'il venait pour frapper d'une contribution
» tous les villages de la vallée. Il ordonnait en même
» temps à un détachement de se rendre pour cela ici.
» Dieu m'a donné des ailes, je crois, à défaut de jam-
» bes, pour venir vous l'annoncer ! »

« Mes quatre liards aux Piémontais! » dit Eloi Gaudri
» d'un air de consternation........ » Le prix de mes plus
» belles peaux de renard y passera !...... — Non, de par
» tous les diables! cria de toutes ses forces Jean-Joseph
» M........ : ce sont les balles de nos fusils qui doivent
» leur passer au travers du corps..... — Imprudent, im-
» prudent! » dit tout bas Arnoulet, dont les joues pas-
» saient alternativement de la blancheur la plus mate à
» l'incarnat le plus éclatant; « Dieu veuille que vos pa-
» roles n'aient été entendues que des personnes..........
» ici présentes......... (il promenait en même temps ses
» regards effrayés en tous sens, comme pour s'assurer
» qu'aucune oreille indiscrète ne pouvait les avoir re-

» cueillies)......... Ce serait folie à nous de songer qu'une
» poignée de cultivateurs pourrait repousser une armée
» entière composée de troupes réglées. En supposant...,
» ce qui est essentiellement inadmissible......., qu'on se
» défît des premiers assaillants, ils seraient bientôt
» remplacés par des corps plus nombreux et plus irri-
» tés. Soumettons-nous donc au sort que Dieu nous in-
» flige. »

» Un gémissement expressif de résignation circula
parmi les assistants; et certes on ne peut le trouver que
bien naturel. Car, il faut convenir que s'il y avait plus
de courage dans l'exclamation de M........ que dans l'ob-
servation d'Arnoulet, il y avait aussi, dans les conseils
de ce dernier, infiniment plus de raison que dans ceux
auxquels il s'était empressé d'opposer une objection.

» Le bruit d'une marche inconnue de plusieurs tambours se fit bientôt entendre non loin du village. Chacun des habitants de Saint-Chaffrey qui composait la
réunion dont je viens de parler, se hâta de rentrer dans
sa demeure. Eloi Gaudri et Jean-Joseph M... persistaient
seuls à rester sur la place avec leurs fusils. Mais la femme
du premier lui adressa du seuil de sa porte un geste si si-
gnificatif, que l'exterminateur des renards de la contrée
ne se refusa plus à regagner son gîte. Quant à celle de
M.........., il lui fallut, avec l'escorte de ses trois enfants,
de sa belle-mère, de deux sœurs et de quatre cousines,
se jeter, à corps perdu, sur son mari, le désarmer, et l'en-
traîner avec violence dans sa maison, où l'on eut grand
soin de l'enfermer à double tour.

» Bientôt deux ou trois cents Piémontais se formèrent

en colonne sur la place et dans les rues adjacentes. D'a-
près l'avis d'Arnoulet, le maire et les adjoints s'étaient
entourés les reins, à la hâte, avec des serviettes ou des
nappes que la mère Jacob leur avait prêtées, pour
suppléer aux ceintures blanches du corps municipal ;
parce que celles-ci se trouvaient encore cousues à des
bandes bleues et rouges, depuis le 20 mars 1815. Le
premier de ces magistrats se disposait à lire au com-
mandant une harangue qu'Arnoulet avait également
préparée, en copiant, vu l'urgence, les principaux passa-
ges d'une traduction du *pro Marcello*, lorsque ce com-
mandant peu courtois, ou peu amateur du style cicéro-
nien, leur fit signe de se taire, d'une manière qui fut
apparemment aussi péremptoire que le geste dont la
femme d'Eloi Gaudri avait fait usage envers son obéissant époux. Monsieur le maire resta les bras tendus, son
manuscrit à la main, ses lunettes sur le nez, et la bouche entr'ouverte.........

» L'officier piémontais, comme exorde du discours
qu'il allait adresser lui-même à l'autorité municipale de
Saint-Chaffrey, commanda la charge en douze temps à ses
troupes ; puis, dans un baragoin, moitié tudesque, moitié
italien, qui avait cependant la prétention de paraître
français, mais qui, à vrai dire, fut aussi intelligible que
concis, il déclara qu'ayant une demi-heure seulement à
rester dans le village, il n'en partirait néanmoins qu'a-
près avoir été nanti, en bonne et valable monnaie, de la
somme de six cents francs. Son allocution fut suivie
d'un nouveau commandement à ses soldats. Il les fit reposer sur les armes, avec défense expresse de former les

faisceaux, en les assurant que monsieur le maire serait assez poli pour les dispenser d'aller eux-mêmes, dans les demeures de ses administrés, chercher des rafraîchissements. Il ne s'était pas trompé dans ses conjectures; et bientôt on lui apporta, soit à lui, soit aux militaires qui étaient sous ses ordres, tout ce qu'il avait demandé, avec une exactitude et un empressement qui témoignaient du désir et de l'espoir qu'on avait de se débarrasser d'eux au plus tôt.

» Moins d'une heure après leur arrivée, les Piémontais s'éloignèrent en effet du village, chargés de l'argent, des vivres, et des malédictions qu'ils étaient venus y recueillir. L'un d'eux s'étant un peu écarté du chemin, par un motif dont ses chefs appréciaient sans doute trop la légitimité pour l'en empêcher, il poussa, tout à coup, un cri aussi vif que déchirant. Quelques-uns de ses camarades, au lieu d'accourir à son secours, se mirent à précipiter leur marche en retraite, dans la crainte probablement que la garnison de Briançon n'eût fait une sortie pour l'inquiéter. D'autres, au contraire, qui le voyaient toujours seul, criant comme un forcené et cherchant à se débarrasser de quelque chose qu'il aurait eu aux jambes, se décidèrent à venir à lui. Hélas! le malheureux avait eu un pied pris, et largement entamé par un traquenard. On le dégagea comme on put de cette cruelle entrave; et il fallut le placer sur l'un des mulets destinés au transport des bagages, pour qu'il pût suivre le détachement; il y monta en faisant retentir les airs des mots...........contatche! contatche!...........
bouzaroun! bouzaroun!........

» Si ceux qui étaient venus à son aide, moins occupés de sa mésaventure, avaient dirigé leurs yeux du côté d'un fourré d'arbres qui se trouvaient sur la droite de la route, ils auraient pu apercevoir, au milieu du feuillage, l'orifice d'un canon de fusil braqué sur l'individu pris au piége, et l'œil fauve de Jean-Joseph M.......... qui dardait vers cette proie un regard presque aussi menaçant que le canon de fusil lui-même. Ils auraient vu pareillement une main assez calleuse relever précipitamment l'arme à feu, et une autre main indiquer, dans le prolongement de son index, l'espèce d'animal à deux pieds que venait de happer le traquenard. A la chevelure couleur de sanguine, aux rayons visuels tout à fait divergents, au visage criblé de grains de petite vérole et de taches de rousseur, enfin, au sourire éminemment sardonique de celui à qui appartenaient ces deux mains, les Piémontais auraient évidemment reconnu Eloi Gaudri, s'ils l'avaient connu auparavant. Car c'était lui qui venait d'empêcher encore son camarade de faire feu sur eux, et de lui persuader, non sans peine, qu'il valait mieux s'en défaire comme des renards, quoique la peau des uns ne fût pas aussi précieuse que celle des autres.

» Les troupes du roi de Chypre et de Jérusalem reprenaient donc tranquillement la route du Galibier; et les habitants de Saint-Chaffrey se consolaient comme ils pouvaient de la visite qu'ils en avaient reçue; les femmes se félicitaient d'avoir pu au moins échapper à leurs outrages, et les hommes à leurs coups de bâton. Il est à présumer même qu'aucun d'eux, en songeant à l'argent qu'il leur en coûtait, n'aurait consenti à un échange de sacrifices.

» On devait, comme je l'ai dit, célébrer ce jour-là la fête de la Saint-Pierre. Les cloches de la paroisse donnèrent comme d'habitude le signal de la grand'messe. Personne n'y manqua. Dieu est toujours le meilleur refuge dans l'adversité. Ce fut-là précisément le texte que monsieur le curé choisit pour son sermon. Il rappela aussi qu'on ne saurait trop recourir à l'intercession de la sainte Vierge, et que le premier dimanche de juillet était le jour fixé, pour faire les dévotions d'usage, à Notre-Dame des Neiges.

» C'est une chapelle que vous apercevez, me dit le vieillard, comme un point noir dans le ciel, sur le sommet gazonné de la montagne qui est à notre droite. Cette montagne, comme vous le voyez, est couverte de végétation. A la nature cultivée qui tapisse ses pentes les plus basses, succèdent, dans les parties supérieures, des productions toutes spontanées, ces superbes forêts de mélèzes, au feuillage si tendre, si élégant; et, par-dessus tout, une pelouse continue, émaillée de fleurs aussi belles qu'odoriférantes. La chapelle, toujours trop petite pour contenir tous les fidèles qui s'y rendent le jour de la fête, s'élève au milieu de ces riches tapis de verdure. On y arrive, par groupes plus ou moins nombreux, de tous les côtés de la montagne. Les jeunes filles, couvertes de voiles blancs, y montent de leurs villages respectifs, rangées sur deux files et précédées de bannières à l'image de la mère du Sauveur. La plupart des pèlerins sont obligés de s'agenouiller à d'assez grandes distances tout autour du modeste temple, pendant qu'on y célèbre le saint sacrifice de la messe; et, certes, s'il est au monde un spectacle noble, pathétique, imposant, c'est celui de voir, au moment de l'élévation, par un beau soleil de juillet, sous le dôme éclatant des cieux, cette population simple et croyante prosternée devant son créateur, sur l'un des points de l'univers qu'elle regarde comme le plus rapproché de son trône éternel. »

Le vieillard, après un moment de pause que nécessitait pour lui une nouvelle émotion, reprit ainsi son récit :

« Hélas! Monsieur, la fête de Notre-Dame ne fut pas cette année-là ce qu'elle est d'ordinaire. Les apprêts en ont été dérangés par une série d'évènements funestes. Les plus terribles pour la France venaient de s'accomplir dans les plaines de Waterloo. Informée plutôt que nous de ce qui s'y était passé, l'armée austro-piémontaise avait repris l'offensive et tenté de réparer les premiers échecs qu'elle avait eu à subir en Savoie; c'est ce qui avait enhardi aussi le corps de troupes qui s'avança jusqu'à Saint-Chaffrey. Cependant, comme il s'était retiré à la hâte, nous comptions que la garnison assez nombreuse qu'il y avait encore à cette époque dans Briançon, les empêcherait de revenir dans un endroit aussi peu éloigné de ses remparts. Cette espérance ne tarda pas à s'évanouir.

» Un jour du mois de juillet, toutes nos terreurs se se sont renouvelées en entendant tirer de la ville ou des forts plusieurs coups de canon, et en voyant fuir de tous côtés, par bandes, les gardes nationales mobiles que

nous regardions comme la partie principale des défenseurs de cette place. L'esprit de vertige et de désorgani-
sation qui, d'après ce que j'ai su depuis, s'était glissé
dans tous les corps de l'armée française, ne les avait pas
épargnés. Que Dieu pardonne aux traîtres qui ont à
s'imputer cette infâme subornation! Au jour dont je
parle, le parti de déserter et de rentrer dans le sein de
leurs familles fut exécuté de la part de ces malheureux,
qui croyaient ne plus avoir de patrie, et qui se regar-
daient comme dégagés de tous devoirs envers elle. Ils
n'avaient plus, disaient-ils, qu'à courir à la défense de
leurs parents et de leurs chaumières, ou qu'à mourir
avec eux. Le brave Eberlée, qui entendait ses devoirs de
soldat et de citoyen d'une manière un peu plus rigoureuse, n'hésita pas à faire tirer sur les fuyards; et c'est
ce concours de circonstances qui nous a fait craindre
pendant plusieurs heures que Briançon ne fût tombé au
pouvoir de l'ennemi. Il n'en était rien heureusement.
Eberlée y commandait, et il avait sous ses ordres quelques centaines de vrais Français ainsi qu'une population capable de le comprendre. Toutes les mesures furent prises pour mettre cette place importante à l'a-
bri d'une attaque.

» Dans le courant du mois de juillet, le cordon des
troupes qui devaient tenter d'entrer dans Briançon se
rapprocha de plus en plus de la place, et ne cessa pas de
lui adresser des sommations, pour qu'elle eût à lui ouvrir ses portes. Louis XVIII était rentré dans Paris, et
ceux qui se disaient ses alliés voulaient avant tout deve-
nir ses maîtres. En exigeant la reddition de cette im-

portante forteresse, ils prétendaient agir en vertu des ordres du roi. On leur répondit d'abord que l'autorité royale n'était pas encore reconnue dans toute la France, et qu'on ne s'y soumettrait que lorsqu'elle serait adoptée partout sans contestation. On louvoya ensuite sous d'autres prétextes ; l'essentiel était de gagner du temps, parce qu'on savait bien que, quel que fût le gouvernement qui dût prévaloir en France, il saurait gré aux défenseurs de Briançon de lui avoir conservé cette place d'armes et le matériel immense qui s'y trouvait renfermé. On avait à craindre, en tenant une conduite contraire, non-seulement d'enrichir l'étranger de nos dépouilles, mais encore de lui voir démanteler ces fortifications formidables qui tiennent en échec toute la péninsule italienne, ou de lui laisser suivre, à l'égard de Briançon, la même politique qui avait été suivie à l'égard d'Exilles et de Fénestrelle, lors du traité d'Utrecht, en 1713.

» Il ne faut pas croire cependant que la population briançonnaise fût complétement unanime dans la résolution de résister aux attaques et même aux menaces de l'étranger. Quelques personnes taxaient cette résolution de témérité et prétendaient qu'elle pouvait attirer les plus grands malheurs sur la ville. Sans établir de catégories précises, on peut avancer néanmoins que les pauvres se prononçaient en général pour le parti de la résistance, et seulement un certain nombre de riches ou de fonctionnaires, pour le parti de la résignation au joug. Ceux-ci ne le faisaient pourtant qu'avec une extrême circonspection, dans la crainte d'exaspérer leurs adversaires, qu'ils accusaient de tout hasarder, parce qu'ils avaient moins à perdre. On assure que les ordres secrets du gouvernement du Roi encourageaient l'autorité militaire à tenir tant qu'elle pourrait. Mais l'autorité civile du département, qu'animait un esprit de réaction politique plus prononcé, agissait dans un sens tout opposé. Le conseil général lui-même députa, dit-on, deux commissaires pris dans son sein, pour décider la ville à se rendre. Le bruit de cette mission les y avait précédés; il y excita la plus grande irritation parmi les personnes qui s'étaient prononcées pour une résistance opiniâtre. Deux citoyens surtout s'apprêtaient à repousser leur influence: l'un était un ancien magistrat de l'ordre administratif, qui avait déjà versé son sang sur les champs de bataille, et que signale encore, à l'âge de quatre-vingt-onze ans, une énergie de patriotisme peu ordinaire; l'autre était un ancien magistrat de l'ordre judiciaire, que, malgré sa cécité, la France comptait au nombre de ses mathématiciens les plus distingués. Pouvait-il hésiter dans une telle circonstance, lui qui, à la face de Barras et de Fréron, avait, au sein d'une assemblée populaire, combattu leurs motions homicides! Aussi l'un des deux députés de l'assemblée départementale ne jugea pas à propos d'aller jusqu'au bout du voyage. Le général Eberlée s'était retiré dans le fort des Têtes, qui forme le principal corps de défense de la place. Il avait avec lui tout ce qui restait de l'organisation militaire, une poignée de douaniers formés en bataillon, sous les ordres d'un inspecteur, homme plein de zèle et de courage; quelques artilleurs de l'armée; une moitié de bataillon de chasseurs des Alpes; la compagnie d'artillerie de la garde nationale, et de faibles détachements de cette même garde. Il fallait qu'avec d'aussi simples ressources il fît face aux exigences d'un service très-compliqué, et qu'il protégeât un développement de fortifications des plus étendues; mais c'était un vieux soldat déjà mutilé par le feu de l'ennemi. Il avait juré de s'ensevelir, au besoin, sous les décombres de la place confiée à son dévouement, et il était homme à tenir parole !

» Il fut décidé que les principaux habitants de la ville et de la banlieue seraient convoqués à l'hôtel de la mairie, pour prendre une résolution en ce qui concernait la ville elle-même; car, je viens de le dire, celle du général était arrêtée en ce qui concernait les forts.

» Le 15 août, jour de l'Assomption, est fixé pour cette délibération importante. On accourt de toutes les parties de la commune pour y assister. Les ponts sont levés. Le maire et les adjoints, ceints de leurs écharpes, ont pris place au bureau. Le conseil municipal les entoure. Les priviléges de l'âge appellent ensuite quelques citoyens à s'asseoir aussi le plus près possible de l'autorité. Le reste est debout. La discussion allait s'ouvrir, lorsqu'un bruit de tambours se fait entendre au dehors. Quand les caisses ont cessé de battre devant l'hôtel de ville, un murmure vague et approbateur se manifeste dans la foule qui stationne sur la place. Les portes des deux salles qui se joignent sont ouvertes. Elles livrent passage aux officiers de la compagnie des artilleurs de la garde nationale, à tous les canonniers qui, à leur suite, peuvent y pénétrer également; ainsi qu'à plusieurs autres officiers et gardes nationaux de la garnison des forts. En leur qualité de membres de la cité, ils avaient obtenu du général l'autorisation de venir à la ville, pour prendre part à une délibération au résultat de laquelle ils étaient si fortement intéressés. Parmi ceux qui accourent ainsi à l'assemblée, je ne dois pas oublier un jeune officier d'infanterie légère, à peine âgé de vingt ans, qui, quelques mois auparavant, avait eu une jambe emportée à la bataille de Leipsick; il y vient apporter aussi le tribut d'une énergie et d'un patriotisme qui, suivant les circonstances, en auraient fait certainement un héros. A la vue de ce renfort d'opinions bien connues d'avance, le maire et les adjoints comprirent que la résolution projetée allait recevoir un caractère d'ensemble et d'unanimité telle qu'ils la désiraient, pour le succès de leurs propres intentions. Aussi, en prenant la parole au nom du corps municipal, le maire annonça, comme expression des sentiments de la population entière, qu'à dater de ce jour, le drapeau blanc allait être hissé sur le point le plus apparent de la ville, afin que les troupes du blocus n'eussent pas le prétexte de vouloir toujours y pénétrer au nom du Roi; mais il ajouta, qu'au nom du Roi, tous les Briançonnais étaient bien résolus sans doute à mourir plutôt que d'abaisser leurs ponts-levis devant l'étranger; et que, si tel était l'avis de l'assemblée, il en serait immédiatement dressé procès-verbal.........

» Ce peu de mots fut accueilli par un hourra d'acclamations. Il ne souleva même aucune objection de la part du petit nombre de ceux qui étaient d'une opinion opposée; et l'on doit dire, dans l'intérêt de la vérité, que, se rangeant aussitôt au parti qui avait prévalu à une aussi grande majorité, ils apportèrent autant de zèle et de courage que les autres à l'accomplissement de leurs devoirs de citoyens et de Français. Plût à Dieu que dans toutes nos dissensions le sentiment de la nationalité servît ainsi toujours de lien général!

» Les moyens d'ensemble pour la défense commune furent alors combinés entre l'autorité civile des lieux et l'autorité militaire. On disposa de tout ce qu'il y avait de plus jeune et de plus fort pour les parties les plus pénibles du service. On organisa une compagnie de *vétérans* et une compagnie *d'espérance* ; la première se composait des hommes au-dessus de soixante ans; la seconde, des enfants de quatorze à seize. Un des membres distingués du barreau actuel de Grenoble faisait partie de cette compagnie d'espérance, et a bien prouvé, pour sa part, qu'elle pourrait justifier son nom. Chacun de ceux qui s'y trouvaient fut muni d'un mousqueton et d'une certaine quantité de cartouches. Il y avait pour tous obligation de se présenter en armes à la Diane, et de border les remparts, afin de persuader, par cet appareil, aux troupes du blocus, qu'il y avait, dans les murs de Briançon, une quantité de défenseurs suffisante, et bien plus considérable qu'ils n'auraient pu le supposer. C'est aux vétérans qu'était confié le poste de la police intérieure; et, si l'on ne pouvait pas s'empêcher de sourire à voir le procureur du Roi ou le président du tribunal, deux vieillards vénérables, avec des ceinturons de cavalerie croisés sur leurs robes de chambre, on était en même temps pénétré de respect au spectacle de l'exemple qu'ils donnaient du zèle et de la discipline militaire. Un enthousiasme général s'était emparé de la population. Les femmes elles-mêmes y prenaient part. L'une d'elles, simple journalière, ayant entendu une dame demander avec inquiétude à son boulanger s'il pourrait continuer au moins à lui fournir du pain, elle s'écria : « Du pain, Madame, du pain! Ce ne sont pas les hommes qui le pétriront, ce sont les femmes; et quand ils seront occupés sur les remparts à tirer le canon, nous irons leur porter la poudre et les boulets dans nos bons tabliers de serge. Vous, Mesdames, avec vos belles robes, vous resterez chez vous pour faire de la charpie, et soigner les blessés que nous vous apporterons. » Cette apostrophe à la pauvre dame, qui n'était pas des plus courageuses, il est vrai, fut couverte d'applaudissements par toutes celles qui servaient d'escorte à l'orateur féminin. »

Au souvenir de ce qui excitait en lui un juste sentiment d'orgueil national, le vieillard prenait un ton d'animation peu d'accord avec ses forces. « Voyez, » me dit-il en étendant sa main tremblante et décharnée en avant de lui, « voyez si, avec d'aussi faibles ressources, il fallait du dévouement à la chose publique, pour entreprendre de garder tout cet amas de fortifications: la ville d'abord; le château qui la surplombe et la joint immédiatement; le fort des Têtes qui s'y lie par un pont des plus hardis jeté à cent soixante-huit pieds au-dessus de la Durance : c'est la vaste citadelle dont vous n'apercevez d'ici qu'une face, mais qui offre sur le derrière, et surtout à notre gauche, dans la partie dite le bastion d'Asfeld, les ouvrages les plus formidables ; au-dessus du fort des Têtes, et complétement séparé de lui, se présente à nous le Randouillet, dont vous découvrez les casernes et les vitraux étincelants aux rayons du soleil couchant. Sa grande enceinte enveloppe le Donjon, dont le nom seul vous fait reconnaître, par son aspect, quel est le fort qu'on a ainsi désigné ; derrière celui-ci, et plus haut, se montre le fort d'Anjou ; plus haut encore, un peu vers la gauche, un fort à machicoulis appelé le Point-du-Jour. Sur le point culminant de la montagne, enfin, on trouve une fortification en pierres sèches, avec un bâtiment destiné à servir d'abri ou corps-de-garde ; elle porte le nom de la montagne même : c'est le fort de l'Infernet. Du point où nous nous trouvons, nous ne pouvons pas découvrir (parce que les rochers de Toulouse nous en empêchent) deux autres forts, ouvrages avancés, dont l'un est sur la droite, l'autre sur la gauche de la route qui mène au Mont-Genèvre. Le premier se nomme le fort Dauphin ; le second, le fort des Selettes. Les magnifiques travaux que l'on exécute en ce moment à ce dernier, laisseront sans doute une belle réputation d'ingénieurs militaires aux officiers qui en sont chargés.

» Comme la gaîté française ne se dément jamais, les compagnies de la garde nationale de Briançon s'étaient distribué des noms plus ou moins plaisants ou grotesques : une, entre autres, était appelée la compagnie du Bœuf-à-la-Mode ; une autre, la compagnie des Gruaux. La qualification de celle-ci lui venait de ce que son ca-

pitaine préparait et prépare encore très-bien les gruaux
d'avoine, dont Brillat-Savarin n'a peut-être pas parlé
dans sa gastronomie transcendante, mais qui n'en mé-
ritent pas moins d'être recommandés aux amateurs
d'excellents potages. Ce qui prouve que le chef de cette
compagnie avait un autre mérite encore, c'est que le
gouvernement vient de lui donner la décoration de la
Légion d'honneur, comme à l'un de nos vieux débris
d'Arcole, des Pyramides et de Marengo. Mais la compagnie dont on parlait le plus était celle qui s'intitulait or-
gueilleusement la compagnie de l'outre, parce qu'elle
prétendait à la gloire de faire le plus fréquemment
usage de ces peaux de boucs qui servaient alors au
transport du vin, et que son chef, homme riche, gai et
généreux, mettait souvent à la disposition de ses camarades les produits de ses magasins. Il avait pour second
un autre officier, à qui sa bonne mine et ses manières
martiales auraient pu mériter alors un commandement
supérieur, comme ses talents lui ont valu naguère une
honorable position dans la carrière administrative. C'est
sous leurs ordres nécessairement que s'était rangé un
ancien militaire, qui, plus tard, persuadé que l'émule de
Wasington était plutôt un soldat qu'un héros politique,
s'était gratifié modestement du nom de Lafayette; mais,
alors, il était désigné par celui d'Azor, que lui avait
donné sa sœur, vrai type de cantinière, et digne, à tous
égards aussi, de servir en cette qualité dans la compagnie de l'outre.

» Les troupes austro-piémontaises qui bloquaient
Briançon du côté de l'Italie, avaient poussé leurs avant-

postes en-dessous de l'Infernet, dans une espèce de val-
lon que forme cette montagne avec celle de Gondran.
Un jour que ces avant-postes y faisaient cuire leur
soupe au bivouac, il a pris la fantaisie à Azor d'aller la
leur manger. Suivi de quelques jeunes gens presque aussi
fous que lui, ils fondent à l'improviste sur les apprêts de
cette cuisine qu'ils convoitaient probablement mal à-
propos. Ceux qui la préparaient abandonnent leurs us-
tensiles et donnent l'alarme au corps entier dont ils faisaient partie. Un bataillon marche sur les assaillants.
Les compagnons d'Azor opèrent prudemment leur retraite; mais lui n'entendait pas qu'une aussi belle expé-
dition restât tout à fait sans résultat. Ne pouvant pas
déguster le potage sardo-tudesque, il se contente de ren-
verser à coups de pieds la marmite, et regagne leste-
ment ses camarades en se frappant plusieurs fois, en signe de bravade, la partie la plus saillante de son corps
qui faisait face en arrière à l'ennemi. En réponse à cette
insulte, le bataillon entier fait feu sur lui; mais heureusement pas une balle ne l'atteint, et son intrépide témérité a sans doute fait penser aux troupes alliées que si
Briançon comptait un certain nombre de défenseurs pa-
reils, il ne serait pas facile de le réduire.

» Le blocus de Briançon a duré aussi longtemps que
l'occupation de cette partie de la France par les troupes
étrangères. C'est le 10 novembre 1815 que, pour se
rendre chez eux, les derniers bataillons sardes ont défilé sous les murs de la place. En signe de courtoisie d'u-
sage et d'estime réciproque, on s'est respectivement
rendu les honneurs militaires. Comme témoignage

de sa joie, la garde nationale s'est permis de nombreuses fusillades à poudre immédiatement après le défilé des pelotons étrangers; et ceux-ci ne l'ont pas pris à titre d'injure, sans doute, parce qu'eux aussi appartenaient à une nation qui porte haut le sentiment de l'amour du pays et de l'indépendance.

» Comme je vous l'ai dit, Monsieur, » ajouta le vieillard, « le gouvernement quelconque qui devait présider aux destinées de la France, après l'évacuation, avait pour devoir de donner une preuve de satisfaction à la ville de Briançon ; Louis XVIII l'a fait en accordant à sa garde nationale un drapeau d'honneur, dont madame la duchesse d'Angoulême a bien voulu elle-même, dit-on, broder la cravate, et sur lequel étaient écrits ces mots : *Blocus de 1815: Le présent et le passé répondent de l'avenir.*

» Pourquoi faut-il maintenant que mes souvenirs se reportent sur les dernières périodes d'une triple catastrophe qui a plongé dans un deuil aussi profond le malheureux village que vous venez de traverser? Ah ! je ne le ferai que d'une manière bien rapide; car vous concevez que si ma causerie de vieillard s'est appesantie avec complaisance sur ce qui ne rappelait que des choses avouables pour nous, elle doit glisser vite sur ce qui n'a été qu'une source de larmes et de désolation.

» Comme je l'ai dit, le cordon des troupes étrangères qui formait le blocus de Briançon s'étant resserré de beaucoup, un détachement de deux ou trois cents Piémontais vint prendre position dans le village de Saint-Chaffrey, et poussa ses avant-postes jusqu'au point que je vous ai indiqué. Certes ils n'ont pas été accueillis avec autant de satisfaction qu'on en avait éprouvé à les voir partir; mais il fallait bien se résigner; et M............ lui-même, après avoir consenti à ce que l'on cachât son fusil, se rendit au-devant de l'église avec Eloi Gaudri et Pancrace pour assister à l'entrée des étrangers. On distribua à ceux-ci des billets de logements, et ils se répandirent dans le village pour en prendre possession. Un de ces militaires s'étant adressé à Pancrace pour qu'il lui indiquât le sien, ce dernier fit quelques pas dans cet objet; il prit naturellement pour cela son allure habituelle et forcée. Le militaire, en le voyant boiter, fixa sur lui des regards courroucés et en-dessous. Il avait peut-être cru d'abord que le pauvre Pancrace marchait ainsi par dérision, parce qu'il boitait aussi lui-même; ou peut-être la vue de cette claudication éveillait-elle en lui un fâcheux souvenir; car, en le voyant aussi marcher à son tour, Eloi Gaudri crut reconnaître dans ce Piémontais celui qui avait été pris par son piége. Il ne put pas s'empêcher de le montrer à M.......... et de lui dire en riant: « Tiens, je crois que mon renard est revenu; » mais il a un vilain museau, le Monsieur, et il bat un » tantinet la chamade comme Pancrace. » M..... lui répondit en grinçant des dents: « Si tu m'avais laissé faire, » il ne boiterait pas aujourd'hui! » Le militaire, qui les avait, sinon compris, du moins entendus et bien observés, s'éloigna en murmurant: « Contatche!............ con- » tatche!........... bouzaroun!........ bouzaroun!........ »

    » Il fallait pourvoir à l'entretien et à la subsistance de ces troupes étrangères. Des entreprises furent don-

nées pour cela à une association de spéculateurs (il s'en
présente toujours en pareille circonstance) ; et, pour eux,
la présence de l'ennemi sur notre territoire, au lieu d'ê-
tre une occasion de pertes et de tribulations, comme
pour le reste de leurs compatriotes, devint au contraire
une source de bénéfices. Pourquoi faut-il rappeler que
le désintéressement dont ils ont fait preuve a presque
justifié les tristes prévisions d'Eloi Gaudri ?........

» On doit convenir, pour rendre hommage à la vérité, que les Piémontais, dont on supportait l'occupation avec impatience, à cause de leur qualité d'étrangers,
ne se livraient pas cependant aux actes de vexation
qu'on aurait pu en attendre ; il s'était même établi d'assez bons rapports entre eux, les habitants de la campagne et ceux de Briançon. Il y avait échange de procédés
convenables, à la condition, qui a toujours été respectée,
que de part et d'autre on ne franchirait pas militaire-
ment certaines lignes de démarcation.

» Le malheureux village de Saint-Chaffrey devait
fournir une exception à cette règle générale. Les officiers
piémontais qui s'y trouvaient en cantonnement man-
geaient à l'auberge du Grand-Saint-Michel, chez la mère
Jacob, l'hôtesse favorite de M......... et d'Eloi Gaudri. Le
14 septembre, pendant que ces officiers sont à table, le feu prend à la cheminée de cette maison (rien
n'émeut les habitants de nos campagnes comme l'ap-
préhension seule d'un incendie). L'alerte est aussitôt
donnée dans le village même et dans tous les villages
voisins. On accourt de tous les côtés pour porter des secours. Les troupes piémontaises, au contraire, dans l'in-

tention sans doute d'échapper à une surprise, se rassemblent précipitamment et se retirent en corps sur un mamelon, à une certaine distance de Saint-Chaffrey; elles n'y rentrent que lorsque toute apparence de danger a cessé et que toutes les personnes qu'il avait attirées se sont retirées chez elles. Ainsi il devient manifeste pour chacun que les Piémontais n'ont pas voulu nous prêter leur assistance!............ On ne se rend pas assez compte de ce que la prudence et les devoirs militaires pouvaient exiger d'eux!.............. On ne cache pas le mécontentement que cette conduite de leur part a inspiré. Celui d'Eloi Gaudri se manifeste avec vivacité. Jean-Joseph M............. laisse éclater le sien avec la dernière violence.......... « Lâches! » s'écrie-t-il en s'adressant aux soldats qu'il rencontre; « Vous vous êtes sauvés comme
» des misérables : ah! si parmi mes compatriotes il se
» trouvait seulement cinquante hommes comme moi,
» nous viendrions bientôt à bout de vous autres, quoi-
» que vous soyez près de trois cents! » Au moment où il achevait son apostrophe, on vit passer, comme étant toujours des derniers, celui qu'Eloi Gaudri avait déjà reconnu au retour des Piémontais. Eloi se prit à dire assez haut: « Ah! voilà encore mon renard sans queue
» avec sa patte endommagée. » A ces mots, M........ qui ne pouvait pas maîtriser sa colère, allait peut-être s'élancer sur l'étranger, lorsque sa femme, qui était toujours en éveil sur ses imprudences, se jeta précipitamment au-devant de ses pas avec le cortége habituel qu'elle appelait à son aide en pareille circonstance. On l'étreignit étroitement et on l'entraîna dans sa maison.

Le Piémontais qu'il avait ainsi menacé ne fit pas mine de se venger; il obéit comme ses camarades aux ordres de leurs chefs, qui leur défendaient de répondre aux exhalaisons d'une colère excusable; mais on l'entendit grommeler encore tout bas : « Ah , contatche, contatche! bouzaroun, bouzaroun! »

» Arnoulet, qui, sans déroger à sa gravité habituelle, était, comme tous ses compatriotes, venu au secours de la maison Jacob, se trouva à portée de voir et d'entendre, soit M........., soit le Piémontais, au moment où ils échangeaient entre eux des gestes, paroles et regards qui ne témoignaient pas à coup sûr d'une parfaite sympathie. Contre ses principes ordinaires de prudence et de conciliation, il ne chercha pas à s'interposer dans leur mésintelligence; il n'eut pas l'idée de leur prêcher la concorde comme source essentiellement nécessaire à la paix, en leur persuadant à l'un et à l'autre que chacun d'eux avait raison; mais il les fixa alternativement, fronça profondément le sourcil, et, s'éloignant autant que possible à distances égales de ces deux natures qu'il reconnut pour être incontestablement antipathiques, il laissa échapper bien bas ces paroles sentencieuses et prophétiques peut-être : « Voilà deux hommes dont il » faut essentiellement se méfier! »

» On ne se méfia pourtant ni de l'un ni de l'autre, et probablement n'eut-on pas raison, même à l'égard de tous deux. Quelques faits, du moins, qui n'ont été remarqués qu'après coup, le donneraient à penser. Il faut faire la part, toutefois, des préventions que le malheur accueille souvent avec trop de facilité. Quoi qu'il en soit, chacun, dans la journée du 15 septembre, avait repris ses occupations habituelles. La nuit qui allait suivre semblait devoir se passer avec autant de calme que la journée; lorsqu'au milieu d'une tranquillité qui paraissait générale éclatent tout à coup les cris mille fois répétés, au feu! et le canon d'alarme qui tonnait au loin, du haut des remparts de la ville. Une grande partie du village était embrasée!...... Pourquoi essayer de dépeindre l'horreur d'une telle nuit pour les habitants de St-Chaffrey? Malgré les secours empressés des campagnes voisines, cinquante-sept maisons sont devenues en peu d'instants la proie des flammes. Du sommet de leurs murailles, où ils étaient enchaînés par la rigueur des précautions militaires, les habitants et la garnison de Briançon ou des forts contemplaient, l'arme au bras, cette immense colonne de feu qui éclairait toute la vallée, sans pouvoir se joindre aux personnes accourant ailleurs de toutes parts pour l'éteindre.

» La pensée qui domina tout le monde en ce moment, c'est que les troupes du blocus, qui connaissaient peut-être l'empressement avec lequel les Briançonnais, dans les cas de sinistres, volent au secours les uns des autres, pouvaient avoir imaginé la ruse cruelle d'allumer au dehors un incendie, pour se ménager, à la faveur du trouble et de la confusion, un moyen de pénétrer dans la place. La conduite même des Piémontais à Saint-Chaffrey se prêta à cette supposition. Quoique leur assistance eût pu diminuer considérablement les ravages du feu, ils n'en prêtèrent absolument aucune; comme la veille, ils se sont retirés immédiatemeut avec leurs bagages sur le *Serre de la Juana*, et ne sont revenus prendre possession des demeures épargnées par l'incendie que lorsqu'il a été complétement éteint. A certaines circonstances, on a présumé que des officiers étaient dans le secret de ce fatal projet, et qu'il avait été mis à exécution par un militaire dont on savait que l'immoralité pourrait s'y prêter. Ce soupçon cependant est peut-être injuste; et je me hâte de vous dire que, malgré les trop justes préventions qui pouvaient l'accréditer, il n'a jamais acquis l'intensité d'une preuve.

» Vous avez déjà deviné que toutes les malédictions d'Eloi Gaudri, de M.......... et d'Arnoulet, personnages que j'ai essayé de vous faire connaître, se dirigeaient principalement contre ce Piémontais boiteux qu'ils avaient remarqué plus que les autres. Arnoulet recommandait secrètement d'exercer sur sa conduite la plus exacte surveillance, et de se tenir essentiellement en garde contre lui. Eloi Gaudri se promettait bien de le rendre entièrement semblable à son ami Pancrace. Quant à M........, il ne disait rien; mais il ne quittait plus son fusil; et sa malheureuse femme n'abandonnait son mari que lorsqu'elle ne pouvait pas faire autrement. Dans la soirée du 23 octobre, elle s'était absentée un moment. M............ en profite; et, soit à l'auberge du Grand-Saint-Michel, soit dans les autres auberges du village, il s'abandonne outre mesure à son déplorable penchant pour la boisson. Rentré chez lui à une heure avancée de la nuit, il y est accueilli par les plaintes et les reproches de sa femme. Elle lui parle, entre autres choses, des dangers auxquels il s'expose par ses outrages

provocateurs contre les Piémontais, par son affectation
à se montrer armé en leur présence, par ses gestes me-
naçants à l'égard du militaire, qu'il accuse, peut-être à
tort, d'être l'auteur du dernier incendie. Les fumées du
vin, les paroles de sa femme, le dernier souvenir surtout
qu'elle vient d'évoquer, poussent le malheureux M........
au plus haut degré de la fureur et de l'exaltation. Il saisit avec rage son fusil qu'il avait quitté un moment. A
son geste, au bouleversement de ses traits, sa compagne,
horriblement effrayée, ne doute pas qu'il n'aille commettre un crime. Hélas! l'infortunée ne prévoyait pas qu'il
allait se souiller de plus affreux encore! Elle se préci-
pite en travers de la porte, pour empêcher son mari de
sortir, et saisit en même temps de ses deux mains le canon du fusil, qu'elle serre convulsivement pour l'arracher
des siennes. Dans la lutte qui s'établit entre eux pour la
possession de cette arme fatale, le coup part, et la pauvre femme, frappée en pleine poitrine, tombe baignée
dans son sang. Stupéfait de son crime, ou plutôt de son
malheur; car Dieu sans doute n'a pas eu à lui reprocher
autre chose dans cet horrible moment, M............ se jette
sur sa victime, l'étreint de ses bras nerveux et galvani-
sés, s'efforce d'étancher avec ses mains le sang qui coule
à grands flots de cette plaie béante, y applique même
sa bouche écumeuse comme pour y introduire le souffle
de vie qui s'en échappe. Mais quand il s'aperçoit que
ses efforts sont inutiles, et que ses bras ne tiennent plus
qu'un cadavre, ses cheveux se hérissent; ses yeux, im-
bibés de sang eux-mêmes, semblent s'élancer de leurs
orbites. L'intelligence en lui fait place au plus féroce des

instincts; il conçoit et exécute à l'instant une épouvantable résolution. Chargé du corps inanimé de celle qui fut la mère de ses enfants, il le transporte dans un petit bâtiment peu éloigné de sa demeure, et met le feu au toit de chaume dont il est couvert. A la vue des flammes qui montent dans les airs, il se dit avec la joie et le sourire infernal du réprouvé : « Ces brigands de Piémon-
» tais seront peut-être punis aujourd'hui de l'incendie
» dont ils se sont rendus coupables au mois de septem-
» bre, par l'imputation qu'on leur fera de deux forfaits
» que moi seul j'ai commis!.......... » Lui-même crie au feu! et a l'air d'accourir sur le théâtre de l'événement. Le canon retentit encore dans le lointain comme signal d'alarme donné par la ville et les forts. On y prend les mêmes précautions qu'au premier feu, et les Piémontais, de leur côté, se rendent de nouveau sur le lieu ordinaire de leur retraite. La terreur cette fois est encore plus grande; elle est augmentée par une explosion soudaine qui éclate dans l'une des maisons atteintes par les flammes, et qui fait voler jusqu'aux nues les débris embrasés de cette habitation. Pour comble d'horreur, on retrouve les restes calcinés du corps de la femme M.....!

» C'est grâce aux secours apportés du dehors qu'on parvient à arrêter les progrès de ce nouveau désastre; car les malheureux habitants du village étaient incapables de se secourir eux-mêmes; mais, grand Dieu! que leur restait-il à sauver? Vingt-trois des maisons qu'avait épargnées le premier incendie, venaient d'être réduites en cendres par le second. On sut bientôt à quoi attribuer l'explosion qui avait si fort ajouté à la panique générale. Ce n'était qu'un épisode accidentel au tragique événement de la nuit. Il avait été occasionné par une provision de poudre que s'était procurée un habitant de Saint-Chaffrey pour des travaux d'exploitation.

» Quant à M..., sa sauvage énergie s'était tout à coup affaissée sous le poids du remords, sans doute. La rumeur publique se prononça aussitôt contre lui. On rappela l'emportement et la férocité de son caractère, ses fréquents démêlés avec sa femme, les excès dont il était capable quand il avait bu. Le bruit se répandit qu'un coup d'arme à feu avait retenti dans sa demeure peu d'instants avant qu'on s'aperçût de l'incendie. On se demanda pourquoi le cadavre de l'infortunée qui avait péri se retrouvait dans le lieu même où le feu s'était manifesté. Des soupçons on passa rapidement à une accusation formelle qu'exaltait encore le deuil public de la contrée. Le cours de la justice était bien ralenti, mais il n'était pas entièrement suspendu. Une information fut commencée et poursuivie avec soin : elle avait amené d'abord l'arrestation du prévenu ; elle le conduisit bientôt sur les bancs des criminels. Sa raison, qui n'avait jamais été des plus solides, ne put jamais le mettre à même de présenter toutes les circonstances qui auraient atténué l'énormité de sa position. Il se trouva en contradiction avec lui-même, se coupa à plusieurs reprises, fit des aveux, et fut enfin condamné par le jury des Hautes-Alpes à subir la peine des assassins et des incendiaires............ »

Avant de faire un dernier effort, pour en venir à la

péripétie du drame sanglant qu'il avait entrepris de me raconter, le vieillard me demanda la permission de se reposer encore un moment. Je m'assis à ses côtés sur une grosse pièce de mélèze qui allait sans doute être employée à quelque construction, dans l'une des maisons de campagne entre lesquelles nous nous trouvions placés. Le vieillard, en me les montrant les unes et les autres, me dit: « La maison devant laquelle nous venons de passer se nomme l'Enfer; celles devant lesquelles nous passerons dans l'instant se nomment le Paradis. » Ces noms singuliers, tout ce que je voyais de contrastes dans les pays que j'avais parcourus, dans les événements qui m'étaient racontés, et, je dois le dire, dans la vie humaine, en général, me firent penser qu'ici-bas déjà tout est en effet paradis ou enfer. Je ne pus m'empêcher d'ajouter d'abord en moi-même : Pourquoi n'en serait-il pas de même dans le monde des esprits ?..........

Je fis part ensuite de ma réflexion à mon compagnon de voyage, qui me répondit : « Ah ! Monsieur, si ce n'est là qu'une illusion, laissons-la au moins à l'honnête homme et au malheureux ! Mais remettons-nous en route ; nous n'avons plus que quelques pas à faire ensemble, et moi quelques mots à vous dire.

» Vous allez arriver dans Briançon par la porte de Pignerol, et vous entrerez immédiatement dans la principale rue de la ville qui la traverse d'un bout à l'autre; elle se prolonge, à une certaine distance, suivant un plan à peu près horizontal; mais ensuite elle se continue suivant un plan fortement incliné. Vous jugerez dès lors que de toutes les parties de cet amphithéâtre,

assez étroit, mais assez allongé, on devait parfaitement
découvrir tout ce qui pourrait se passer sur un point un
peu élevé, au tiers à peu près de la rue, soit qu'on fût
aux fenêtres, sur les portes, sur des toits ou saillies quel-
conques, soit même qu'on se trouvât simplement sur la
voie publique. Ce point que j'indique comme étant à
peu près au tiers de la longueur de la rue, est également
situé vis-à-vis le milieu de la place d'armes que vous
trouverez à votre droite. A l'époque dont il s'agit, il y
avait à l'extrémité de cette place, et contre le bord de la
rue, un arbre dit de la liberté, dont on devait bientôt
faire un holocauste à l'orthodoxie royaliste d'une légion
qui avait pour chefs certains officiers comptant à peine
quelques mois de service. C'est en face de cet arbre de
la liberté, dans la grande rue, au point dont j'ai parlé,
que s'est monté, pour la première et seule fois, le fatal
instrument destiné à l'exécution des criminels. Dieu
veuille qu'il n'y reparaisse jamais! Il est à remarquer
qu'il a fallu recourir aux injonctions de la loi pour avoir
des ouvriers menuisiers ou charpentiers qui se décidas-
sent à en dresser et assembler les pièces qui le compo-
sent. Tant étaient grandes les répugnances de la population pour tout ce qui tenait à une participation aux apprêts du supplice! encore a-t-on voulu que tous les citoyens qui appartenaient plus ou moins à ce genre de
profession concourussent à l'accomplissement de ce devoir forcé. Un homme âgé, aimé, riche et généreux, qui
n'avait en quelque sorte fait dans sa jeunesse que l'ap-
prentissage de l'état, se vit obligé, par les instances de
ses anciens confrères, à venir frapper de quelques coups

de maillet une cheville d'assemblage, et à donner l'exemple de ce pénible travail. Au jour désigné pour ce dernier
acte de la justice humaine envers M.., Briançon se trouva
encombré de personnes de tout âge et de tout sexe. On était
accouru de tous les environs pour assister à ce terrible
spectacle; et vous vous ferez une idée de ce qu'il devait
être par la disposition des lieux. Obéissant aux traditions
de mes aïeux, et à l'exemple de mes compatriotes, je m'y
suis rendu moi-même accompagné de mes enfants, pour
que cette affreuse solennité fît sur leur esprit une salu-
taire impression. La prison dans laquelle le condamné
était détenu dépend du bâtiment qui forme un des an-
gles de la grande rue avec la place d'armes. Il n'avait
donc, en sortant de cet édifice, que quelques pas à faire
pour être au pied de l'échafaud. On connaissait son goût
pour la boisson; et, dans l'affaiblissement de ses fa-
cultés, il ne fut pas difficile à la pitié de ceux qui l'en-
touraient d'amoindrir en lui, par les effets de l'ivresse,
l'impression des cruels instants qu'il avait à passer. A
dix heures du matin, les glas funèbres annoncent l'arrivée du clergé et de tous les pénitents da la paroisse convoqués pour porter en terre sainte, quelques minutes
après, la dépouille mortelle de celui qui était encore
alors plein de vie et de santé. Leurs capuchons noirs
sont abattus sur leurs visages; deux trous ronds percés
à la hauteur des yeux leur permettent d'y voir assez pour
diriger leurs pas. Ils psalmodient, d'une voix lamentable, les prières des agonisants. Alignés sur deux rangs,
qui déroulent au loin leurs longs replis, ils suivent,
comme bannière, une grande image en bois du Christ

entourée de crêpes noirs , et que porte un des frères marchant pieds nus. Immédiatement après le porteur du Christ, s'avancent d'autres frères qui soutiennent une grande bière découverte et garnie de son , où doit être étendu le corps du supplicié. Leur cortége est fermé par les anciens et le nouveau recteur, qui tiennent chacun à la main de grands cierges de cire jaune. Ils se rangent de chaque côté de l'échafaud. Deux exécuteurs sont sur l'estrade à attendre le patient. Il paraît sur la porte de la prison accompagné par un ministre de la religion. Ce qu'on est convenu d'appeler la toilette , en pareil cas , a eu lieu pour lui. Quoique troublé sans doute par l'usage des liqueurs spiritueuses qui lui ont été prodiguées, il monte d'un pas assez ferme les quelques marches du haut desquelles il doit passer dans l'éternité. Un instant suffit pour l'attacher sur la planche et le glisser sous la fatale lunette. Il a le temps, quand sa tête s'y trouve engagée, de crier : « Vive Napoléon! » Mais, à la dernière syllabe, cette tête, plus malheureuse peut-être que coupable, rebondit sur le plateau sonore qui la reçoit. Un long gémissement répond d'un bout de la ville à l'autre à ce coup lamentable et sourd. Chacun partage l'effroi douloureux du jeune recteur des pénitents, le meilleur et le plus doux des hommes. Obligé de ramasser et de déposer dans le cercueil cette tête sanglante qui semble encore attacher ses regards sur les siens, il rejette au loin avec horreur les gants blancs dont ses mains étaient couvertes durant cette affreuse occupation. La foule, après cela, s'écoule de tous côtés dans le silence de la consternation la plus profonde.

» Eloi Gaudri, Pancrace, Arnoulet et moi, Monsieur, sommes revenus ensemble à Saint-Chaffrey sans échanger une parole; mais nous avons dit et pensé depuis, les uns et les autres, que si la loi de cette époque, et peut-être aussi les événements politiques au milieu desquels on vivait alors, avaient permis, en faveur de l'infortuné M........, l'invocation des circonstances atténuantes, son sang n'aurait pas rougi l'eau du canal en pierres de taille qui longe toute la grande rue de Briançon. Le temps a rendu générale cette opinion de mes compatriotes et la mienne. Ah! puisse la justice ne sévir jamais qu'en cas d'absolue nécessité, et réserver toujours une porte à l'indulgence pour ceux qui ne sont qu'égarés! »

En achevant ces derniers mots, le vieillard m'indiqua d'une main la porte par laquelle je devais entrer dans Briançon, et, de l'autre, la route qu'il allait suivre lui-même. Il s'éloigna aussitôt en essuyant ses larmes et avant que j'eusse pu lui adresser mes remercîments. Sa démarche, devenue plus chancelante encore au moment de notre séparation, se raffermit peu à peu. Je le suivis quelque temps du regard; et, dans toute la soirée, je fus si préoccupé de son récit, qu'installé très-confortablement à l'hôtel de l'Ours, j'oubliai complétement de m'informer de la nature des mets qu'on pourrait m'y servir. Il est vrai que je trouvai excellent tout ce qu'on me donna.

www.ingramcontent.com/pod-product-compliance
Lightning Source LLC
LaVergne TN
LVHW022031080426
835513LV00009B/967